OEUVRES

DE

I0173985

MOLIERE

ILLUSTRATIONS

PAR

JACQUES LEMAN

L'AMOUR MÉDECIN

PARIS

CHEZ ÉMILE TESTARD ET Cie, ÉDITEURS

10, RUE DE CONDÉ

1889

OEUVRES

DE

J.-B. P. DE MOLIÈRE

———

L'AMOUR MÉDECIN

Y f

12

JUSTIFICATION DU TIRAGE

Il a été fait pour les Amateurs un tirage spécial sur papier de luxe à 550 exemplaires, numérotés à la presse.

		NUMÉROS
125 exemplaires sur papier du Japon.		1 à 125
75 — sur papier de Chine.		126 à 200
150 — sur papier Vélin à la cuve.		201 à 350
200 — sur papier Vergé de Hollande.		351 à 550

OEUVRES

DE

MOLIERE

ILLUSTRATIONS

PAR

JACQUES LEMAN

NOTICES

PAR

ANATOLE DE MONTAIGLON

PARIS

CHEZ EMILE TESTARD ET CIE EDITEURS

10 RUE DE CONDÉ

M.DCCC.LXXXVIII

NOTICE

DE L'AMOUR MÉDECIN

N a dit que le joli titre de l'*Amour Médecin* pourrait venir de celui d'une pièce de Pierre de Sainte-Marthe en 1618, ou d'une pièce de Levert en 1638; mais on ne les possède pas, et il n'importe. Si Molière l'a pris quelque part, ce serait plutôt, et cela seul, à un *Amor medico* de Tirso de Molina, qu'il connaissait bien. En tous cas, celui de Molière fut joué d'abord à Versailles dans les Fêtes du 14 au 17 septembre 1665, et l'on en doit faire comme deux parties. L'une est aussi élégante qu'amusante et comique; l'autre, encore plus comique et surtout plus forte, est plus générale. MM. de Villiers, dans le Journal de leur voyage à Paris, l'ont très bien caractérisé en l'appelant « un ambigu de Ballet, de Comédie et de Farce », dont le mélange est le plus gai et le plus heureux.

Les intermèdes de Ballet, ce sont les Médecins entrant en dansant dans la maison de Sganarelle, l'Opérateur dansant en compagnie de Trivelins et de Scaramouches, et, pour finir, la Comédie, le Ballet et la Musique, avec les Jeux, les Ris et les Plaisirs amenés par Clitandre pour danser et chanter en l'honneur de son mariage avec Lucinde, dénouement dont la surprise est empruntée par Molière à ce *Pédant joué* de Cyrano, auquel il avait peut-être travaillé.

Par ce côté de costumes, de musiques et de danses, c'est encor — et Molière, qui avait rimé les *Fâcheux* en quinze jours, n'en eut que cinq pour écrire la prose de l'*Amour Médecin* — un de ces morceaux de Fêtes de Cour, improvisés par l'ordre et pour le plaisir du Roi, comme Molière en a souvent fait et où son génie a trouvé le moyen de les faire durer alors qu'elles n'ont plus les attraits de la musique et de la danse, certainement les plus sensibles aux spectateurs contemporains ; on le voit par le récit de la Gazette, qui ne parle que du Ballet. Comme un peu plus tard le *Sicilien*, l'*Amour Médecin* a été un véritable Opéra-comique, mêlé de Ballets, et l'on comprend que de nos jours Monselet et M. Ferdinand Poise en aient fait un, qui est charmant; avec quelques suppressions et en mettant seulement en vers quelques passages de loin en loin, il était tout fait. Aujourd'hui, où, pour le plaisir des yeux et de l'esprit, on se donne quelquefois la peine de remonter certaines œuvres de Molière avec les parties, devenues accessoires après avoir été à l'origine les plus importantes et avoir été l'occasion et la raison d'être de la production de ce qui est resté le plus durable, il serait juste de redonner à l'*Amour Médecin* sa forme première; la vieille musique de Lully existe à la Bibliothèque du Conservatoire dans le Recueil de Philidor.

Pour la Comédie, elle a deux parties bien distinctes et merveilleusement liées ensemble.

Dans l'action même, qui roule sur le mariage de Lucinde, que de scènes heureuses et profondément naturelles, celle des donneurs d'avis, celle de Lisette et de Sganarelle. Lucinde et l'Amoureux sont jeunes, honnêtes et charmants, mais ils n'ont pas le haut bout; ce qui les dépasse, ce sont les fusées de la gaîté malicieuse de Lisette; c'est surtout la naïveté du contraste entre les deux parts des sentiments doubles du bonhomme Sganarelle, dont Molière s'était réservé le rôle. Son égoïsme ne veut pas que sa Fille se marie, en même temps que son cœur paternel se désole de la voir malade, et cela le plus naturellement du monde, sans qu'il s'aperçoive un instant de la contradiction, qui le rend le jouet des autres et presque de lui-même. Tout cela traité d'une façon légère, sans être appuyé ni creusé. Ce n'est qu'une esquisse, presque un croquis; mais les touches en sont si vivement indiquées et enlevées, elles sont si justes et si claires, dans leur négligence apparente et dans leur brièveté rapide, qu'on se demande, quand on y réfléchit, si le tableau, plus poussé et étudié, n'aurait pas été au-dessous de la fleur et du brio de ce « crayon ».

En même temps un détail, à la fois comique et profond, s'élève au-dessus du reste. C'est la consultation des quatre Docteurs ; cela est si vrai qu'à partir de la cinquième représentation — et elles ont été nombreuses — La Grange n'appelle plus la Pièce que *les Médecins*. Si le Ballet a été le succès de la Cour, et la *Gazette* ne parle que de lui, ce sont eux certainement qui ont été le succès de la Ville et qui font de l'improvisation de Molière un des meilleurs de ses petits chefs-d'œuvre.

Il n'est pas le premier qui se soit attaqué à la Médecine, et il eut pu se prévaloir de l'exemple de l'Antiquité. Plaute s'était moqué des Médecins de Rome, avant que le vieux Caton les accablât des duretés de son mépris ; les Comiques Italiens ont fait du Médecin une variété du pédant et du cuistre ; en France, il y a, dans le second Livre des *Essais* de Montaigne, tout un chapitre sur la Médecine ; mais, dans l'œuvre de Molière, c'est une veine presque constante, qui va de ses débuts jusqu'à la fin. Aussi fait-il tenir pour un conte l'histoire qui attribuerait l'attaque de Molière à une querelle de sa Femme avec celle d'un Médecin. C'est oublier le *Médecin volant*, la scène de Don Juan et de son Valet, qui s'affuble aussi de la robe Doctorale, et, après l'*Amour Médecin*, le *Médecin malgré lui*, les deux Médecins de Monsieur de Pourceaugnac, et, dans le *Malade imaginaire*, le trio des deux Diafoirus et de Monsieur Purgon, flanqué de Monsieur Fleurant. Molière n'a jamais oublié les Médecins, et, s'il avait vécu plus longtemps, il y serait encor revenu.

On a cité la raillerie d'une Consultation de six Docteurs dans *La vengeance de Tamar*, de Tirso de Molina. Molière n'en avait pas besoin ; les Médecins de Paris posaient devant lui, et il a fait de l'actualité absolue. Une chose même est tout à fait remarquable ; au premier abord, on serait tenté d'y voir une exagération dans la satire qui tomberait dans la charge ; il n'en est rien. Les Lettres de Guy Patin raillent bon nombre de ses confrères d'une façon bien autrement dure que Poquelin, et, dans le livre *Les Médecins au temps de Molière,* un Médecin, qui est un érudit et un lettré, a très bien montré et prouvé à quel degré la peinture de Molière est juste. Elle est si peu une charge qu'il aurait pu aller encore plus loin sans sortir de la vérité.

Celle-ci y était d'autant plus que Molière avait été jusqu'à l'individualisme des personnalités, et n'avait pas craint de s'attaquer aux Médecins de la Cour. Guy Patin — qui ne parle de la Pièce de Molière que par ouï-dire et qui est là-dessus fort inexact; il l'appelle l'*Amour malade*, ce qui est le titre d'un Ballet de Benserade dansé en 1657 — a dit que les acteurs jouaient avec des masques, copiés sur les têtes des modèles. Cela est bien peu probable, mais le fait des allusions est certain.

Tomès est d'Aquin; *Desfonandrès* Elie Béda Des Fougerais — il boitait horriblement et fut représenté par Béjart, qui boitait un peu; *Mavroton* Guénaut; *Bahis* Esprit et *Filerin* monsieur Yvelin, Médecin de Madame. On a de nos jours, proposé pour *Tomès* le nom de Valot et, pour *Bahis*, celui de Brayer. Il vaut mieux, sur ce point, s'en tenir à l'opinion, encore contemporaine, de Cizeron-Durival et de Brossette, qui remontent aux dires de Boileau, et, avant eux, à Guy Patin qui, dans ses deux lettres de 22 et 25 septembre, cite les trois noms de Des Fougerais, de Guénaut et d'Esprit.

Quant à leurs noms dans la Comédie, il n'est pas besoin de dire qu'ils viennent du grec. Filerin signifie *qui aime les querelles*, et ce qui est amusant, par antiphrase, puisqu'au contraire c'est lui qui les apaise et qui réconcilie les contradicteurs. Quant aux quatre autres, que Molière a dus à Boileau, ce dont l'exact Brossette nous est garant, Tomès veut dire *le saigneur*, Desfonandrès *le tueur d'hommes*, Macroton *le lent*, celui qui parle très lentement, et Bahis *le jappeur* ou le *bredouilleur*.

Par contre, aucun des annotateurs ne s'est, je crois (et j'en ai bon nombre sous la main), arrêté sur deux autres noms grecs de Médecins, visés incidemment dans la même scène :

« *Monsieur Tomès*. Mais, à propos, quel party prenez-vous dans la querelle des deux Médecins *Théophraste* et *Artémius?* Car c'est une affaire qui partage tout nostre Corps. — *Monsieur Desfonandrès*. Moy, je suis pour *Artémius*. — *Monsieur Tomès*. Et moy aussi. Ce n'est pas que son avis, comme on a veu, n'ait tué le malade, et que celuy de *Théophraste* ne feust beaucoup meilleur assurément, mais enfin il a tort dans les circonstances, et il ne devoit pas estre d'un autre avis que son Ancien. »

La grosse querelle du moment, c'était l'émétique, et ce n'est pas, d'ailleurs, la première fois que Molière lui ait été incidemment favorable.

Qu'on se rappelle l'amusant dialogue de Sganarelle et de Don Juan (acte III, scène 1) :

« Comment, Monsieur, vous êtes aussi impie en Médecine... Vous ne croyez pas au séné, ni à la casse, ni au vin émétique — Et pourquoi veut-tu que j'y croie ? — Vous avez l'âme bien mécréante. Cependant vous voyez que le vin émétique faire bruire ses fuseaux. Ses miracles ont converti les plus incrédules esprits, et il n'y a pas trois semaines que j'en ai vu, moi qui vous parle, des effets merveilleux. — Et quel ? — Il y avoit un homme qui, depuis six jours, étoit à l'agonie. On ne savoit plus que lui ordonner, et tous les remèdes ne faisoient rien ; on s'avisa à la fin de lui donner de l'émétique. — Il réchappa, n'est-ce pas ? — Non, il mourut. — L'effet est admirable. — Comment ! il y avoit six jours entiers qu'il ne pouvoit mourir, et cela le fit mourir tout d'un coup. Voulez-vous rien de plus efficace ? — Tu as raison.

Rien n'est plus fantasque et plus gai que le raisonnement de Sganarelle, et il faudrait être bien mélancolique pour ne pas rire; mais si au théâtre, le côté plaisant l'emporte, à la lecture, puisque Don Juan est un impie en médecine comme en religion, c'est Sganarelle et l'émétique qui ont raison. On verra que Molière, au moins par ses amitiés, devait être des partisans de l'anti-moine et il a fait encore parler du *vin amétile* par un des Paysans *du Médecin malgré lui.*

Je reviens aux deux noms de l'*Amour Médecin.*

Artémius, n'ayant été porté dans l'antiquité ni par des Grecs ni par Romains, est un nom de fantaisie, tiré du grec comme les autres, mais son origine n'est pas aussi claire. La déesse Arthémis, qui a donné *Artémisius,* ni la veuve de Mausole, Artémisia, n'ont rien à faire ici, pas plus qu'ἄρτημα, cordon suspendu, dépendance. Ἀρταμέω, dépecer, Ἀρταμος, boucher, grand saigneur par état, serait analogue au nom de Tomès, mais il est exclu par *l'alpha* de la seconde syllabe, qui ne peut pas se changer en *epsilon.* Ἀρθεμέω vaudrait mieux, mais, comme cela signifie *remettre un membre fracturé,* il ne pourrait désigner qu'un Chirurgien-Barbier, alors qu'Artémius est Médecin. Ἀρτεμέω, être sain et sauf, ἀρτεμία, conservation parfaite, conviendrait davantage puisqu'il peut s'appliquer à un Médecin et qu'il se rapporte mieux à la forme *Artémius,* mais ce serait une appellation élogieuse, alors qu'Artémius a tort.

Puisqu'il s'agit de choses et de gens du temps, le Naturaliste et le

Moraliste d'Eresos, à qui la France doit La Bruyère, est hors de cause; c'est le sens de son nom, *l'interprète des Dieux*, qui doit avoir décidé Molière à le donner au Médecin dont l'avis est le meilleur. Ce qui est plus frappant, c'est que Théophraste est précisément le prénom de Renaudot, le fondateur de la *Gazette*, grand partisan de l'antimoine, par conséquent d'un autre avis que ses anciens, et de qui l'on connaît, comme praticien, tous les procès avec la Faculté. *L'Amour médecin* est de 1665; Renaudot était mort en 1653; mais ses fils Isaac et Eusèbe, reçus Médecins en 1647 et 1648, après toutes les mauvaises volontés de la Faculté, survécurent à Molière, Isaac n'étant mort qu'en 1680 et Eusèbe ayant vécu jusqu'en 1679, après avoir été tous deux aussi partisans de l'émétique que leur père.

Molière avait lui-même des raisons pour ne pas être opposé au remède à la mode. Son éloge ne pouvait pas déplaire à Louis XIV, puisque c'était à lui qu'on avait attribué sa guérison à Calais en 1658. De plus, Mauvillain, qui était l'ami de Molière, en avait été l'un des plus ardents prôneurs et, comme tel, il avait été suspendu en 1658. L'année qui suivit la représentation de l'*Amour médecin*, en 1666, par le fait du flux et reflux des choses d'ici-bas, il fut élu Doyen de la Faculté, et, cette même année 1666, le Parlement, revenant sur les défenses de 1566 et de 1615, entérinait un décret qui autorisait l'usage du vin émétique. Molière, comme on dirait aujourd'hui, était dans le train; l'émétique faisait « bruire ses fuseaux ».

Il n'y a pas à chercher l'identification d'Artémius, tant il y avait à la Faculté de Médecins opposés au vin émétique; mais, en tous cas et antimoine à part, Théophraste peut être proposé comme une allusion aux Renaudot.

Pendant toute la vie de Molière, la *Gazette* n'est pas sortie des mains des héritiers de Théophraste Renaudot qui l'avait fondée. Il n'y a pas lieu de faire intervenir ici tous les Renaudot qui s'y sont succédés depuis la mort de Molière, mais bien plutôt leur frère; M. Corlieu et M. Hatin ont très bien dégagé l'existence d'un fils aîné de Renaudot et sieur de Boissemé en Touraine, appelé comme lui Théophraste. Il était né en 1610 à Loudun, d'abord avocat au Parlement, conseiller à la Cour des monnaies en 1638; il était toujours à la tête du Dispensaire fondé par son père, et il obtint de la Cour des monnaies et ensuite du Roi la permission d'avoir chez lui des fourneaux de distillation. C'est à sa mort, arrivée en mai 1672, que la *Gazette* passa, grâce à la bonne volonté du Roi, à Eusèbe Renaudot, qui sous les conditions convenues entre son frère Isaac et lui, en conféra le titre à François Renaudot, son second fils.

Ainsi, en 1665, c'était encore un second Théophraste Renaudot qui était à la tête de la *Gazette*, et les comptes-rendus des fêtes et des ballets de Versailles y sont toujours si précis qu'ils ne peuvent avoir été écrits que sur des notes venues du théâtre. La *Gazette* avait presque défendu *Tartuffe* dès les premiers jours. Or Molière, en sa qualité de Chef de Troupe, avait intérêt à être bien avec ceux qui tenaient alors la place de Feuilletonnistes et d'auteurs de comptes-rendus de Théâtre. C'est une raison, si naturelle à la fois et si petite qu'elle soit, pour voir les Renaudot dans Théophraste et pour reconnaître, dans l'allusion de Molière aux noms du père mort et du fils vivant, une gracieuseté et un remerciement à l'adresse de celui qui dirigeait le *Journal Officiel*.

ANATOLE DE MONTAIGLON.

L'AMOUR MEDECIN

JACQUES LEMAN

Jacques Leman del.   E. Testard Editeur   Géry-Bichard sc.

L'AMOUR MÉDECIN

Imp. Cancur.

L'AMOUR MEDECIN

COMEDIE

PAR

J.B.P. MOLIERE

A PARIS

CHEZ NICOLAS LE GRAS

AU TROISIEME PILIER DE LA GRAND'SALLE DU PALAIS

A L'ESPERANCE ET A L. *COURONNÈE*

M.DC. LXVI.

AVEC PRIVILEGE DU ROY.

JACQUES LEMAN

AU LECTEUR

E n'est icy qu'un simple crayon, un petit impromptu, dont le Roy a voulu se faire un divertissement. Il est le plus précipité de tous ceux que Sa Majesté m'ait commandez et, lors que je diray qu'il a été proposé, fait, appris, et représenté en cinq jours, je ne diray que ce qui est vray. Il n'est pas nécessaire de vous advertir qu'il y a beaucoup de choses qui dépendent de l'action. On sçait bien que les Comédies ne sont faites que pour estre jouées, et je ne conseille de lire celle-cy qu'aux personnes qui ont des yeux pour découvrir dans la lecture tout le jeu du Théâtre. Ce que je vous diray, c'est qu'il seroit à souhaitter que ces sortes d'ouvrages pussent tousjours se monstrer à vous avec les orne-

ments qui les accompagnent chez le Roy. Vous les
verriez dans un estat beaucoup plus supportable, et les
Airs et les Symphonies de l'incomparable Monsieur
Lully, meslez à la beauté des voix et à l'addresse des
Danseurs, leur donnent sans doute des grâces dont ils
ont toutes les peines du monde à se passer.

EXTRAICT DU PRIVILÈGE DU ROY

Par Grâce et Privilège du Roy, donné à Paris le 30 de Décembre 1665, signé De SEIGNEROLLE et scellé du grand Sceau de cire jaune, il est permis à Jean-Baptiste Pocquelin de Molière, Comédien de la Troupe de nostre très cher et très amé Frère unique, le Duc d'Orléans, de faire imprimer, vendre et débiter, pendant le temps et espace de cinq ans, par tel Libraire ou Imprimeur que bon luy semblera, une pièce de Théâtre qu'il a composée, intitulée *L'Amour Médecin*, avec Deffenses à toutes personnes de réimprimer ou contrefaire, vendre ou distribuer ladite Pièce, ou partie d'icelle, sans sa permission, à peine de confiscation des exemplaires et de l'amende portée dans l'original.

Registré sur le Livre de la Communauté des Imprimeurs, Marchands Libraires de Paris, le 4 Janvier 1666.

Signé : PIGET, Syndic.

Ledit Sieur Molière a cédé, quitté et transporté son droit de Privilège à Pierre Trabouillet, Nicolas Le Gras et Théodore Girard, Marchands Libraires à Paris, pour en jouir ainsi qu'il est porté par les dites Lettres de Privilège, suivant l'accord fait entre eux.

Achevé d'imprimer pour la première fois le 15 janvier 1666.

SGANARELLE, Père de Lucinde.

AMINTE.

LUCRÈCE

M. GUILLAUME, Vendeur de Tapisseries.

M. JOSSE, Orfèvre.

LUCINDE, Fille de Sganarelle.

LYSETTE, Suivante de Lucinde.

M. TOMÈS,

M. MACROTON,

M. BAHYS,   Médecins.

M. FILERIN,

CLITANDRE, Amant de Lucinde.

Un Notaire.

L'OPÉRATEUR, Orviétan.

LA COMÉDIE.

LA MUSIQUE.

LE BALLET.

La Scène est à Paris,
dans une Salle de la Maison de Sganarelle.

PROLOGUE

LA COMÉDIE, LA MUSIQUE et LE BALLET

LA COMÉDIE

QUITTONS, quittons nostre vaine
    querelle;
Ne nous disputons point nos
    talens tour à tour,
Et d'une gloire plus belle
Piquons-nous en ce jour.
Unissons-nous tous trois,
    d'une ardeur sans seconde,
Pour donner du plaisir au plus grand Roy du Monde.

TOUS TROIS

Unissons-nous...

LA COMÉDIE

De ses travaux, plus grands qu'on ne peut croire,

Il se vient quelquefois délasser parmi nous.
          Est-il de plus grande gloire,
          Est-il de bonheur plus doux?

TOUS TROIS

Unissons-nous...

L'AMOUR MÉDECIN

COMÉDIE

ACTE PREMIER

SCÈNE PREMIÈRE

SGANARELLE, AMINTE, LUCRÈCE, M. GUILLAUME, M. JOSSE

SGANARELLE

H, l'estrange chose que la vie, et que je puis bien dire, avec ce grand Philosophe de l'Antiquité, que *Qui terre a guerre a*, et qu'un malheur ne vient jamais sans l'autre. Je n'avois qu'une seule Femme, qui est morte.

M. GUILLAUME

Et combien donc en voulez-vous avoir ?

SGANARELLE

Elle est morte, Monsieur mon amy. Cette perte m'est très-sensible, et je ne puis m'en ressouvenir sans pleurer. Je n'estois pas fort satisfait de sa conduite, et nous avions le plus souvent dispute ensemble, mais enfin la mort r'ajuste toutes choses. Elle est morte; je la pleure. Si elle estoit en vie, nous nous querelle-rions. De tous les enfans que le Ciel m'a donnés, il ne m'a laissé qu'une Fille, et cette Fille est toute ma peine. Car enfin je la voy dans une mélancolie la plus sombre du monde, dans une tristesse épouvantable, dont il n'y a pas moyen de la retirer, et dont je ne sçaurois mesme apprendre la cause. Pour moy, j'en perds l'esprit, et j'aurois besoin d'un bon conseil sur cette matière. Vous estes ma Nièce, vous, ma Voisine, et vous, mes Compères et mes Amis; je vous prie de me conseiller tous ce que je dois faire.

M. JOSSE

Pour moy, je tiens que la braverie et l'ajustement est la chose qui resjouit le plus les Filles, et, si j'estois que de vous, je luy achèterois dès aujourd'huy une belle garniture de diamans, ou de rubis, ou d'esme-raudes.

M. GUILLAUME

Et moy, si j'estois en vostre place, j'achetterois une

belle tenture de tapisserie, de verdure ou à personnages, que je ferois mettre à sa chambre, pour lui resjouir l'esprit et la veue.

AMINTE

Pour moy, je ne ferois pas tant de façon, et je la
marîrois fort bien, et le plus tost que je pourrois, avec
cette personne qui vous la fit, dit-on, demander, il y a
quelque temps.

LUCRÈCE

Et moy, je tiens que vostre Fille n'est point du tout
propre pour le Mariage. Elle est d'une complexion
trop délicate et trop peu saine, et c'est la vouloir
envoyer bien-tost en l'autre Monde que de l'exposer,
comme elle est, à faire des enfans. Le Monde n'est
point du tout son fait, et je vous conseille de la
mettre dans un Couvent, où elle trouvera des divertis-
semens qui seront mieux de son humeur.

SGANARELLE

Tous ces conseils sont admirables assurément, mais
je les tiens un peu intéressez, et trouve que vous me
conseillez fort bien pour vous. Vous estes Orfèvre,
Monsieur Josse, et vostre conseil sent son homme qui
a envie de se défaire de sa marchandise. Vous vendez
des tapisseries, Monsieur Guillaume, et vous avez la
mine d'avoir quelque tenture qui vous incommode.

XV.   2

Celui que vous aymez, ma Voisine, a, dit-on, quelque
inclination pour ma Fille, et vous ne seriez pas
fâchée de la voir la Femme d'un autre. Et quant à vous,
ma chère Nièce, ce n'est pas mon dessein, comme on
sçait, de marier ma Fille avec qui que ce soit, et j'ay
mes raisons pour cela; mais le conseil que vous me
donnez de la faire Religieuse est d'une femme qui
pourroit bien souhaitter charitablement d'estre mon
héritière universelle. Ainsi, Messieurs et Mesdames,
quoique tous vos conseils soient les meilleurs du
Monde, vous trouverez bon, s'il vous plaist, que je
n'en suive aucun. — Voilà de mes donneurs de conseils à la mode.

SCÈNE II

LUCINDE, SGANARELLE

SGANARELLE

Ah, voilà ma Fille qui prend l'air. Elle ne me void
pas. Elle soupire. Elle lève les yeux au Ciel. — Dieu
vous gard! Bon jour, ma mie. Hé bien, qu'est-ce?
Comme vous en va? Hé quoy, toûjours triste et mélancolique comme cela, et tu ne veux pas me dire ce que
tu as? Allons donc, découvre-moy ton petit cœur.
Là, ma pauvre mie, dy, dy; dy tes petites pensées à

ton petit papa mignon. Courage. Veux-tu que je te baise? Vien. — J'enrage de la voir de cette humeur-là. — Mais, dy-moi, me veux-tu faire mourir de desplaisir, et ne puis-je sçavoir d'où vient cette grande langueur! Descouvre-m'en la cause, et je te promets que je feray toutes choses pour toy. Ouy, tu n'as qu'à me dire le sujet de ta tristesse; je t'asseure icy, et te fais serment, qu'il n'y a rien que je ne fasse pour te satisfaire. C'est tout dire. Est-ce que tu es jalouse de quelqu'une de tes compagnes, que tu voyes plus brave que toy, et seroit-il quelque estoffe nouvelle dont tu voulusses avoir un habit? — Non. — Est-ce que ta chambre ne te semble pas assez parée, et que tu souhaitterois quelque Cabinet de la Foire Saint-Laurent? — Ce n'est pas cela. — Aurois-tu envie d'apprendre quelque chose, et veux-tu que je te donne un Maistre pour te montrer à jouer du clavessin? — Nenny. — Aymerois-tu quelqu'un, et souhaitterois-tu d'estre mariée?

Lucinde luy fait signe que c'est cela.

SCÈNE III

LYSETTE, SGANARELLE, LUCINDE

LYSETTE

Hé bien, Monsieur, vous venez d'entretenir vôtre Fille. Avez-vous sçeu la cause de sa mélancolie?

SGANARELLE

Non. C'est une coquine qui me fait enrager.

LYSETTE

Monsieur, laissez-moy faire ; je m'en vais la sonder un peu.

SGANARELLE

Il n'est pas nécessaire, et, puisqu'elle veut estre de cette humeur, je suis d'avis qu'on l'y laisse.

LYSETTE

Laissez-moi faire, vous dis-je. Peut-estre qu'elle se découvrira plus librement à moy qu'à vous. Quoy, Madame, vous ne nous direz point ce que vous avez, et vous voulez affliger ainsi tout le monde ? Il me semble qu'on n'agist point comme vous faites et que, si vous avez quelque répugnance à vous expliquer à un Père, vous n'en devez avoir aucune à me descouvrir vostre cœur. Dites-moy, souhaittez-vous quelque chose de luy ? Il nous a dit plus d'une fois qu'il n'espargne-roit rien pour vous contenter. Est-ce qu'il ne vous donne pas toute la liberté que vous souhaitteriez, et les promenades et les cadeaux ne tenteroient-ils point vostre âme ? — Heu ? — Avez-vous reçeu quelque desplaisir de quelqu'un ? — Heu ? — N'auriez-vous point quel-que secrette inclination, avec qui vous souhaitteriez que vostre Père vous mariast ? — Ah, je vous entens. Voilà

l'affaire. Que Diable, pourquoy tant de façons ? —
Monsieur, le mystère est découvert, et...

SGANARELLE, *l'interrompant.*

Va, Fille ingrate, je ne te veux plus parler, et je te
laisse dans ton obstination.

LUCINDE

Mon Père, puisque vous voulez que je vous dise la
chose...

SGANARELLE

Ouy, je perds toute l'amitié que j'avois pour toy.

LYSETTE

Monsieur, sa tristesse...

SGANARELLE

C'est une coquine qui me veut faire mourir.

LUCINDE

Mon Père, je veux bien...

SGANARELLE

Ce n'est pas là la récompence de t'avoir eslevée
comme j'ay fait.

LYSETTE

Mais, Monsieur...

SGANARELLE

Non, je suis contr'elle dans une colère espouven-
table.

LUCINDE

Mais, mon Père...

SGANARELLE

Je n'ay plus aucune tendresse pour toy.

LYSETTE

Mais...

SGANARELLE

C'est une friponne...

LUCINDE

Mais...

SGANARELLE

Une ingratte...

LYSETTE

Mais...

SGANARELLE

Une coquine, qui ne me veut pas dire ce qu'elle a.

LYSETTE

C'est un mary qu'elle veut.

SGANARELLE *faisant semblant de ne pas entendre :*

Je l'abandonne...

LYSETTE

Un mary!

SGANARELLE

Je la déteste...

LYSETTE

Un mary!

SGANARELLE

Et la renonce pour ma Fille.

LYSETTE

Un mary.

SGANARELLE

Non, ne m'en parlez point.

LYSETTE

Un mary!

SGANARELLE

Ne m'en parlez point.

LYSETTE

Un mary!

SGANARELLE

Ne m'en parlez point.

LYSETTE

Un mary, un mary, un mary!

SCÈNE IV

LYSETTE, LUCINDE

LYSETTE

On dit bien vray qu'il n'y a point de pires sourds
que ceux qui ne veulent point entendre.

LUCINDE

Hé bien, Lysette, j'avois tort de cacher mon desplaisir, et je n'avois qu'à parler pour avoir tout ce que je souhaittois de mon père. Tu le vois.

LYSETTE

Par ma foy, voilà un vilain homme, et je vous avoue que j'aurois un plaisir extrême à luy jouer quelque tour. Mais d'où vient donc, Madame, que jusqu'icy vous m'avez caché vostre mal?

LUCINDE

Hélas, de quoy m'auroit servy de te le descouvrir plûtost, et n'aurois-je pas autant gagné à le tenir caché toute ma vie? Crois-tu que je n'aye pas bien préveu tout ce que tu vois maintenant, que je ne sçeusse pas à fonds tous les sentimens de mon père, et que le refus, qu'il a fait porter à celuy qui m'a demandée par un amy, n'ait pas estouffé dans mon âme toute sorte d'espoir.

LYSETTE

Quoy? C'est cet inconnu qui vous a fait demander, pour qui vous...

LUCINDE

Peut-estre n'est-il pas honneste à une fille de s'expliquer si librement. Mais, enfin, je t'avoue que, s'il m'estoit permis de vouloir quelque chose, ce seroit luy que je voudrois. Nous n'avons eu ensemble aucune conversation, et sa bouche ne m'a pas desclaré la passion qu'il a pour moy ; mais, dans tous les lieux où il m'a pu voir, ses regards et ses actions m'ont tousjours parlé si tendrement, et la demande qu'il a fait faire de moy m'a paru d'un si honneste homme, que mon cœur n'a pu s'empescher d'être sensible à ses ardeurs. Et, cependant, tu vois où la dureté de mon père réduit toute cette tendresse.

LYSETTE

Allez, laissez-moy faire. Quelque sujet que j'aye de me plaindre de vous du secret que vous m'avez fait, je ne veux pas laisser de servir vostre amour, et, pourveu que vous ayez assez de résolution...

LUCINDE

Mais que veux-tu que je fasse contre l'authorité d'un Père ? Et, s'il est inexorable à mes vœux...

LYSETTE

Allez, allez, il ne faut pas se laisser mener comme un oyson, et, pourveu que l'honneur n'y soit pas offensé, on se peut libérer un peu de la tyrannie d'un Père. Que prétend-il que vous fassiez ? N'estes-vous pas en âge d'estre mariée, et croit-il que vous soyez de marbre ? Allez, encore un coup, je veux servir vostre passion. Je prens dès à présent sur moy tout le soin de

XV.

BIBLIOTHÈQUE NATIONALE IMPRIMÉS

ses intérests, et vous verrez que je sçay des destours...
Mais je vois vostre Père. Rentrons, et me laissez agir.

SCÈNE V

SGANARELLE

Il est bon quelquefois de ne point faire semblant
d'entendre les choses qu'on n'entend que trop bien; et
j'ay fait sagement de parer la déclaration d'un desir
que je ne suis pas résolu de contenter. A-t-on jamais
rien veu de plus tyrannique que cette coustume où l'on
veut assujettir les Pères? Rien de plus impertinent, et
de plus ridicule, que d'amasser du bien avec de grands
travaux, et eslever une Fille, avec beaucoup de soin et
de tendresse, pour se despouiller de l'un et de l'autre
entre les mains d'un homme qui ne nous touche de
rien? Non, non; je me mocque de cet usage, et je
veux garder mon bien et ma Fille pour moy.

SCÈNE VI

LYSETTE, SGANARELLE

LYSETTE

Ah, malheur! Ah, disgrâce! Ah! pauvre Seigneur
Sganarelle, où pourray-je te rencontrer?

SGANARELLE

Que dit-elle là ?

LYSETTE

Ah! misérable Père, que feras-tu, quand tu sçauras
cette nouvelle?

SGANARELLE

Que sera-ce ?

LYSETTE

Ma pauvre Maistresse!

SGANARELLE

Je suis perdu.

LYSETTE

Ah!

SGANARELLE

Lysette....

LYSETTE

Quelle infortune!

SGANARELLE

Lysette...

LYSETTE

Quel accident!

SGANARELLE

Lysette...

LYSETTE

Quelle fatalité!

SGANARELLE

Lysette...

LYSETTE

Ah, Monsieur !

SGANARELLE

Qu'est-ce ?

LYSETTE

Monsieur....

SGANARELLE

Qu'y a-t-il ?

LYSETTE

Vostre Fille...

SGANARELLE

Ah ! ah !

LYSETTE

Monsieur, ne pleurez donc point comme cela, car vous me feriez rire.

SGANARELLE

Dy donc viste.

LYSETTE

Vostre Fille, toute saisie des paroles que vous lui avez dites, et de la colère effroyable où elle vous a veu contre elle, est montée viste dans sa chambre, et, pleine de désespoir, a ouvert la fenestre qui regarde sur la rivière.....

SGANARELLE

Hé bien ?

LYSETTE

Alors, levant les yeux au Ciel : *Non*, a-t-elle dit,
*il m'est impossible de vivre avec le courroux de mon Père,
et, puisqu'il me renonce pour sa Fille, je veux mourir.*

SGANARELLE

Elle s'est jettée ?

LYSETTE

Non, Monsieur. Elle a fermé tout doucement la
fenestre, et s'est allée mettre sur son lict. Là, elle s'est
prise à pleurer amèrement, et, tout d'un coup, son visage
a pally, ses yeux se sont tournez, le cœur luy a manqué,
et elle m'est demeurée entre les bras.

SGANARELLE

Ah, ma Fille !

LYSETTE

A force de la tourmenter, je l'ay fait revenir, mais
cela luy reprend de moment en moment, et je croy
qu'elle ne passera pas la journée.

SGANARELLE

Champagne ! Champagne ! Champagne ! Viste,
qu'on m'aille quérir des Médecins, et en quantité. On

n'en peut trop avoir dans une pareille avanture. Ah, ma Fille, ma pauvre Fille!

Fin du premier Acte.

I. ENTRE-ACTE

Champagne, en dançant, frappe aux portes de quatre Médecins, qui dançent et entrent avec cérémonie chez le Père de la malade.

Et afin que ce soit une affaire faite, tiens....

ACTE DEUXIÈME

SCÈNE PREMIÈRE

SGANARELLE, LYSETTE

LYSETTE

UE voulez-vous donc faire, Monsieur, de quatre Médecins? N'est-ce pas assez d'un pour tuer une personne?

SGANARELLE

Taisez-vous! Quatre conseils vallent mieux qu'un.

LYSETTE

Est-ce que vostre Fille ne peut pas bien mourir sans le secours de ces Messieurs-là?

SGANARELLE

Est-ce que les Médecins font mourir ?

LYSETTE

Sans doute, et j'ay connu un homme, qui prouvoit, par bonnes raisons, qu'il ne faut jamais dire : *Une telle personne est morte d'une fièvre et d'une fluxion sur la poictrine*, mais : *Elle est morte de quatre Médecins et de deux Apothicaires.*

SGANARELLE

Chut! N'offensez pas ces Messieurs-là.

LYSETTE

Ma foy, Monsieur, nostre Chat est réchappé, depuis peu, d'un saut qu'il fit du haut de la maison dans la rue, et il fut trois jours sans manger, et sans pouvoir remuer ni pied ni patte ; mais il est bien-heureux de ce qu'il n'y a point de Chats Médecins, car ses affaires estoient faites, et ils n'auroient pas manqué de le purger et de le saigner.

SGANARELLE

Voulez-vous vous taire, vous dis-je. Mais voyez quelle impertinence! Les voicy.

LYSETTE

Prenez garde, vous allez estre bien édifié. Ils vous diront en Latin que vostre Fille est malade.

SCÈNE II

Messieurs TOMÈS, DES FONANDRÈS, MACROTON,
et BAHYS, Médecins.
SGANARELLE, LYSETTE

SGANARELLE

Hé bien, Messieurs?

M. TOMÈS

Nous avons veu suffisamment la malade, et sans
doute qu'il y a beaucoup d'impuretez en elle.

SGANARELLE

Ma Fille est impure!

M. TOMÈS

Je veux dire qu'il y a beaucoup d'impureté dans son
corps, quantité d'humeurs corrompues.

SGANARELLE

Ah, je vous entens.

M. TOMÈS

Mais... Nous allons consulter ensemble.

SGANARELLE

Allons, faites donner des sièges.
XV.   4

LYSETTE

Ah, Monsieur, vous en estes ?

SGANARELLE

De quoy donc connoissez-vous Monsieur ?

LYSETTE

De l'avoir veu, l'autre jour, chez la bonne amie de Madame vostre Nièce.

M. TOMÈS

Comment se porte son Cocher ?

LYSETTE

Fort bien. Il est mort.

M. TOMÈS

Mort !

LYSETTE

Ouy.

M. TOMÈS

Cela ne se peut.

LYSETTE

Je ne sçay si cela se peut, mais je sçay bien que cela est.

M. TOMÈS

Il ne peut pas estre mort, vous dis-je.

LYSETTE

Et moy, je vous dis qu'il est mort, et enterré.

M. TOMÈS

Vous vous trompez.

LYSETTE

Je l'ay veu.

M. TOMÈS

Cela est impossible. Hippocrate dit que ces sortes de maladies ne se terminent qu'au quatorze, ou au vingt-un, et il n'y a que six jours qu'il est tombé malade.

LYSETTE

Hippocrate dira ce qu'il luy plaira ; mais le Cocher est mort.

SGANARELLE

Paix, discoureuse. Allons, sortons d'ici. Messieurs, je vous supplie de consulter de la bonne manière. Quoy que ce ne soit pas la coustume de payer auparavant, toutefois, de peur que je ne l'oublie, et afin que ce soit une affaire faite, voicy...

Il les paye, et chacun, en recevant l'argent, fait un geste différent.

SCÈNE III

Messieurs DES FONANDRÈS, TOMÈS, MACROTON
et BAHYS

Ils s'asseyent et toussent.

M. DES FONANDRÈS

Paris est estrangement grand, et il faut faire de longs trajets, quand la pratique donne un peu.

M. TOMÈS

Il faut avouer que j'ay une Mule admirable pour cela, et qu'on a peine à croire le chemin que je lui fais faire tous les jours.

M. DES FONANDRÈS

J'ay un Cheval merveilleux, et c'est un animal infatigable.

M. TOMÈS

Sçavez-vous le chemin que ma Mule a fait aujourd'huy ? J'ay esté premièrement tout contre l'Arsenal ; de l'Arsenal au bout du Fauxbourg S.-Germain ; du Fauxbourg S.-Germain au fond du Marais ; du fond du Marais à la Porte S.-Honoré ; de la Porte S.-Honoré au Fauxbourg S.-Jacques ; du Fauxbourg S.-Jacques à la Porte de Richelieu ; de la Porte de Richelieu icy, et d'icy je dois aller encor à la Place Royale.

M. DES FONANDRÈS

Mon Cheval a fait tout cela aujourd'huy, et, de plus, j'ay esté à Ruel voir un malade.

M. TOMÈS

Mais, à propos, quel party prenez-vous dans la querelle des deux Médecins Théophraste et Artémius ? Car c'est une affaire qui partage tout nostre Corps.

M. DES FONANDRÈS

Moy, je suis pour Artémius.

M. TOMÈS

Et moy aussi. Ce n'est pas que son avis, comme
on a veu, n'ait tué le malade, et que celuy de Théophraste ne fust beaucoup meilleur asseurément; mais
enfin il a tort dans les circonstances, et il ne devoit
pas estre d'un autre avis que son Ancien. Qu'en dites-
vous ?

M. DES FONANDRÈS

Sans doute. Il faut tousjours garder les formalitez,
quoy qu'il puisse arriver.

M. TOMÈS

Pour moy, j'y suis sévère en Diable, à moins que
ce soit entre amis, et l'on nous assembla, un jour,
trois de nous autres, avec un Médecin de dehors,
pour une Consultation, où j'arrestay toute l'affaire, et
ne voulus point endurer qu'on opinast si les choses
n'alloient dans l'ordre. Les gens de la Maison faisoient
ce qu'ils pouvoient, et la maladie pressoit; mais je
n'en voulus point démordre, et la malade mourut bra-
vement pendant cette contestation.

M. DES FONANDRÈS

C'est fort bien fait d'apprendre aux gens à vivre, et
de leur montrer leur bec jaune.

M. TOMÈS

Un homme mort n'est qu'un homme mort, et ne

fait point de conséquence; mais une formalité négligée porte un notable préjudice à tout le Corps des Médecins.

SCÈNE IV

SGANARELLE, Messieurs TOMÈS, DES FONANDRÈS, MACROTON et BAHYS

SGANARELLE

Messieurs, l'oppression de ma Fille augmente; je vous prie de me dire viste ce que vous avez résolu.

M. TOMÈS

Allons, Monsieur.

M. DES FONANDRÈS

Non, Monsieur; parlez, s'il vous plaist.

M. TOMÈS

Vous vous mocquez.

M. DES FONANDRÈS

Je ne parlerai pas le premier.

M. TOMÈS

Monsieur...

M. DES FONANDRÈS

Monsieur...

SGANARELLE

Hé, de grâce, Messieurs, laissez toutes ces cérémonies, et songez que les choses pressent.

M. TOMÈS

Ils parlent tous quatre ensemble.

La maladie de vostre Fille...

M. DES FONANDRÈS

L'avis de tous ces Messieurs tous ensemble...

M. MACROTON

A-près.a-voir.bi-en.con-sul-té...

M. BAHYS

Pour raisonner...

SGANARELLE

Hé, Messieurs, parlez l'un après l'autre, de grâce.

M. TOMÈS

Monsieur, nous avons raisonné sur la maladie de vostre Fille, et mon avis, à moy, est que cela procède d'une grande chaleur de sang. Ainsi je conclus à la saigner le plus tost que vous pourrez.

M. DES FONANDRÈS

Et moy, je dis que sa maladie est une pourriture d'humeurs, causée par une trop grande réplétion. Ainsi je conclus à luy donner de l'hémétique.

M. TOMÈS

Je soustiens que l'hémétique la tuera.

M. DES FONANDRÈS

Et moy, que la saignée la fera mourir.

M. TOMÈS

C'est bien à vous de faire l'habile homme ?

M. DES FONANDRÈS

Ouy, c'est à moy, et je vous presteray le colet en tout genre d'érudition.

M. TOMÈS

Souvenez-vous de l'homme que vous fistes crever ces jours passez.

M. DES FONANDRÈS

Souvenez-vous de la Dame que vous avez envoyée en l'autre Monde, il y a trois jours.

M. TOMÈS

Je vous ay dit mon avis.

M. DES FONANDRÈS

Je vous ay dit ma pensée.

M. TOMÈS

Si vous ne faites saigner tout à l'heure vostre Fille, c'est une personne morte.

M. DES FONANDRÈS

Si vous la faites saigner, elle ne sera pas en vie dans un quart d'heure.

SCÈNE V

SGANARELLE, Mrs MACROTON et BAHYS, Médecins

SGANARELLE

A qui croire des deux, et quelle résolution prendre
sur des avis si opposés ? Messieurs, je vous conjure
de déterminer mon esprit, et de me dire, sans passion,
ce que vous croyez le plus propre à soulager ma Fille.

M. MACROTON.
Il parle en allongeant ses mots.

Mon-si-eur.Dans.ces.ma-tiè-res-là.il.faut.pro-cé-der.
a-vec-que.cir-con-spec-tion.et.ne.ri-en.fai-re,com-me.on.
dit, à.la.vo-lée, d'au-tant.que.les.fau-tes.qu'on.y.peut.fai-
re, sont, se-lon.nos-tre. Mais-tre. Hip-po-cra-te, d'u-ne.
dan-ge-reu-se.con-sé-quen-ce.

M. BAHYS.
Celui-cy parle tousjours en bredouillant.

Il est vray. Il faut bien prendre garde à ce qu'on
fait; car ce ne sont pas icy des jeux d'enfant, et, quand
on a failly, il n'est pas aysé de réparer le manque-
ment, et de restablir ce qu'on a gasté. *Experimentum
periculosum.* C'est pourquoy il s'agist de raisonner auparavant comme il faut, de peser meurement les choses,
de regarder le tempérament des gens, d'examiner les

. XV.   5

causes de la maladie, et de voir les remèdes qu'on y doit apporter.

SGANARELLE

L'un va en tortue, et l'autre court la poste.

M. MACROTON

Or, Mon-si-eur, pour.ve-nir.au.fait, je.trou-ve.que. vos-tre.Fil-le.a.u-ne. ma-la-die.chro-ni-que, et.qu'el-le. peut.pé-ri-cli-ter, si.on.ne.luy.don-ne.du.se-cours ; d'au-tant. que. les. sym-ptô-mes, qu'el-le. a, sont. in-di-ca-tifs. d'u-ne. va-peur. fu-li-gi-neu-se. et. mor-di-can-te, qui.lui. pi-co-te.les.mem-bra-nes.du.cer-veau. Or.cet-te.va-peur, que.nous.nom-mons.en.Grec. *At-mos*, est.cau-sée.par.des. hu-meurs.pu-tri-des, te-na-ces, con-glu-ti-neu-ses, qui. sont.con-te-nues.dans.le.bas.ven-tre...

M. BAHYS

Et, comme ces humeurs ont esté là engendrées par une longue succession de temps, elles s'y sont recuites, et ont acquis cette malignité, qui fume vers la région du cerveau...

M. MACROTON

Si.bien, donc, que, pour.ti-rer, dé-ta-cher, ar-ra-cher, ex-pul-ser, é-va-cu-er.les.di-tes.hu-meurs, il.fau-dra.u-ne. pur-ga-ti-on. vi-gou-reu-se. Mais, au.pré-a-la-ble, je. trou-ve.à.pro-pos, et.il.n'y.a. pas. d'in-con-vé-ni-ent, d'u-ser.de.pe-tits.re-mè-des.a-no-dins, c'est.à.di-re.de.pe-tits.

la-ve-ments, ré-mol-li-ants. et. dé-ter-sifs, de. ju-lets. et.
de. si-rops. ra-fraî-chis-sants, qu'on. mes-le-ra. dans. sa. pti-
sa-ne.

M. BAHYS

Après, nous en viendrons à la purgation, et à la
saignée, que nous réitérerons, s'il en est besoin.

M. MACROTON

Ce. n'est. pas. qu'a-vec. tout. ce-la. vos-tre. fil-le. ne. puis-se.
mou-rir ; mais, au. moins, vous. au-rez. fait. quel-que. chose, et. vous. au-rez. la. con-so-la-ti-on. qu'el-le. se-ra. morte. dans. les. for-mes.

M. BAHYS

Il vaut mieux mourir selon les règles que de réchap-
per contre les règles.

M. MACROTON

Nous. vous. di-sons. sin-cè-re-ment. nos-tre. pen-sée...

M. BAHYS

Et vous avons parlé comme nous parlerions à nostre
propre Frère.

SGANARELLE *à Monsieur Maçroton*

Je. vous. rends. très-hum-bles. grâ-ces...

à Monsieur Bahys

et vous suis infiniment obligé de la peine que vous
avez prise.

SCÈNE VI

SGANARELLE

Me voilà justement un peu plus incertain que je
n'estois auparavant. Morbleu, il me vient une fantaisie.
Il faut que j'aille acheter de l'Orviétan, et que je lui
en fasse prendre. L'Orviétan est un remède dont beaucoup de gens se sont bien trouvez.

SCÈNE VII

L'OPÉRATEUR, SGANARELLE

SGANARELLE

Holà. — Monsieur, je vous prie de me donner une
boëte de vôtre Orviétan, que je m'en vay vous payer.

L'OPÉRATEUR *chantant* :

L'or de tous les climats qu'entoure l'Océan
Peut-il jamais payer ce secret d'importance ?
Mon remède guérit, par sa rare excellence,
Plus de maux qu'on n'en peut nombrer dans tout un an :

        La Gale,
        La Rogne,
        La Tigne,
        La Fièvre,

La Peste,

La Goute,

Vérole,

Descente,

Rougeole.

O grande puissance

De l'Orviétan!

SGANARELLE

Monsieur, je crois que tout l'or du Monde n'est pas capable de payer vostre remède; mais, pourtant, voicy une pièce de trente sols, que vous prendrez, s'il vous plaist.

L'OPÉRATEUR *chantant :*

Admirez mes bontez, et le peu qu'on vous vend

Ce trésor merveilleux que ma main vous dispense.

Vous pouvez, avec luy, braver en assurance

Tous les maux que sur nous l'ire du Ciel répand :

La Gale,

La Rogne,

La Tigne,

La Fièvre,

La Peste,

La Goute,

Vérole,

Descente,

Rougeole.

O grande puissance
De l'Orviétan !

Fin du deuxiesme Acte.

II ENTRE-ACTE

Plusieurs Trivelins et plusieurs Scaramouches, Vallets de l'Opérateur, se resjouyssent en dançant.

Le voicy

ACTE TROISIÈME

SCÈNE PREMIÈRE

MESSIEURS FILERIN, TOMÈS ET DES FONANDRÈS

M. FILERIN

'AVEZ-VOUS point de honte, Messieurs, de montrer si peu de prudence pour des gens de vostre âge, et de vous estre querellez comme de jeunes étourdis? Ne voyez-vous pas bien quel tort ces sortes de querelles nous font parmi le Monde? et n'est-ce pas assez que les Sçavants voyent les contrariétez et les dissensions qui sont entre nos

Autheurs et nos anciens Maistres, sans découvrir encore
au peuple, par nos débats et nos querelles, la forfan-
terie de nostre Art? Pour moy, je ne comprens rien
du tout à cette méchante politique de quelques uns
de nos gens. Et il faut confesser que toutes ces con-
testations nous ont descrié, depuis peu, d'une estrange
manière, et que, si nous n'y prenons garde, nous
allons nous ruiner nous-mesmes. Je n'en parle pas
pour mon intérest; car, Dieu mercy, j'ay déjà estably
mes petites affaires. Qu'il vente, qu'il pleuve, qu'il
gresle, ceux qui sont morts sont morts, et j'ay de quoy
me passer des vivans; mais enfin, toutes ces disputes
ne vallent rien pour la Médecine. Puisque le Ciel nous
fait la grâce que, depuis tant de siècles, on demeure
infatué de nous, ne désabusons point les hommes avec
nos cabales extravagantes, et profitons de leur sottise le
plus doucement que nous pourrons. Nous ne sommes
pas les seuls, comme vous sçavez, qui taschons à nous
prévaloir de la foiblesse humaine. C'est là que va l'es-
tude de la pluspart du Monde, et chacun s'efforce de
prendre les hommes par leur foible, pour en tirer
quelque profit. Les flateurs, par exemple, cherchent à
profiter de l'amour que les hommes ont pour les
louanges, en leur donnant tout le vain encens qu'ils
souhaittent, et c'est un art où l'on fait, comme on
void, des fortunes considérables. Les Alchimistes tas-

chent à profiter de la passion que l'on a pour les ri-
chesses, en promettant des montagnes d'or à ceux qui
les escoutent; et les diseurs d'Horoscopes, par leurs
prédictions trompeuses, profitent de la vanité et de
l'ambition des crédules esprits. Mais le plus grand
foible des hommes, c'est l'amour qu'ils ont pour la
vie, et nous en profitons, nous austres, par nostre pom-
peux galimatias, et sçavons prendre nos avantages de
cette vénération que la peur de mourir leur donne
pour nostre mestier. Conservons-nous donc dans le
degré d'estime où leur foiblesse nous a mis, et soyons
de concert, auprès des malades, pour nous attribuer les
heureux succez de la maladie, et rejeter sur la Nature
toutes les béveues de nostre art. N'allons point, dis-je,
destruire sottement les heureuses préventions d'une
erreur qui donne du pain à tant de personnes.

M. TOMÈS

Vous avez raison en tout ce que vous dites; mais
ce sont chaleurs de sang, dont par fois on n'est pas le
maistre.

M. FILERIN

Allons donc, Messieurs, mettez bas toute rancune,
et faisons icy vostre accommodement.

M. DES FONANDRÈS

J'y consens. Qu'il me passe mon hémétique pour

XV.   6

la malade dont il s'agit, et je lui passeray tout ce qu'il voudra pour le premier malade dont il sera question.

M. FILERIN

On ne peut pas mieux dire, et voilà se mettre à la raison.

M. DES FONANDRÈS

Cela est fait.

M. FILERIN

Touchez donc là. Adieu. Une autre fois, montrez plus de prudence.

SCÈNE II

Messieurs TOMÈS, DES FONANDRÈS, LYSETTE

LYSETTE

Quoy, Messieurs, vous voilà, et vous ne songez pas à réparer le tort qu'on vient de faire à la Médecine?

M. TOMÈS

Comment! Qu'est-ce?

LYSETTE

Un insolent qui a eu l'effronterie d'entreprendre sur vostre mestier, et qui, sans vôtre ordonnance, vient de tuer un homme d'un grand coup d'espée au travers du corps.

M. TOMÈS

Escoutez, vous faites la railleuse ; mais vous passerez par nos mains quelque jour.

LYSETTE

Je vous permets de me tuer lors que j'auray recours à vous.

SCÈNE III

LYSETTE, CLITANDRE

CLITANDRE

Hé bien, Lysette, me trouves-tu bien ainsi ?

LYSETTE

Le mieux du Monde, et je vous attendois avec impatience. Enfin, le Ciel m'a faite d'un naturel le plus humain du Monde, et je ne puis voir deux Amans soûpirer l'un pour l'autre qu'il ne me prenne une tendresse charitable, et un desir ardent de soulager les maux qu'ils souffrent. Je veux, à quelque prix que ce soit, tirer Lucinde de la tyrannie où elle est, et la mettre en vostre pouvoir. Vous m'avez plu d'abord ; je me connois en gens, et elle ne peut pas mieux choisir. L'amour risque des choses extraordinaires, et nous avons concerté ensemble une manière de stratagème, qui pourra peut-estre nous réussir. Toutes nos mesures sont déjà prises. L'homme à qui nous avons affaire n'est pas des plus fins de ce Monde, et, si cette avanture nous manque, nous trouverons mille autres voyes pour arriver à notre but. Attendez-moy là seulement ; je reviens vous quérir.

SCÈNE IV

SGANARELLE, LYSETTE

LYSETTE

Monsieur, allégresse, allégresse !

SGANARELLE

Qu'est-ce ?

LYSETTE

Resjouissez-vous.

SGANARELLE

De quoy ?

LYSETTE

Resjouissez-vous, vous dis-je.

SGANARELLE

Dy-moy donc ce que c'est, et puis je me resjouiray peut-estre.

LYSETTE

Non. Je veux que vous vous resjouissiez auparavant, que vous chantiez, que vous danciez.

SGANARELLE

Sur quoy ?

LYSETTE

Sur ma parole.

SGANARELLE

Allons donc : *La lera la la, la lera la.* Que Diable !

LYSETTE

Monsieur, vostre Fille est guérie.

SGANARELLE

Ma Fille est guérie !

LYSETTE

Ouy. Je vous amène un Médecin, mais un Médecin d'importance, qui fait des cures merveilleuses, et qui se mocque des autres Médecins.

SGANARELLE

Où est-il ?

LYSETTE

Je vais le faire entrer.

SGANARELLE

Il faut voir si celuy-cy fera plus que les autres.

SCÈNE V

CLITANDRE, *en habit de Médecin*, SGANARELLE, LYSETTE

LYSETTE

Le voicy.

SGANARELLE

Voilà un Médecin qui a la barbe bien jeune.

LYSETTE

La science ne se mesure pas à la barbe, et ce n'est pas par le menton qu'il est habile.

SGANARELLE

Monsieur, on m'a dit que vous aviez des remèdes admirables pour faire aller à la selle.

CLITANDRE

Monsieur, mes remèdes sont différens de ceux des autres. Ils ont l'hémétique, les saignées, les médecines et les lavemens ; mais moy, je guéris par des paroles, par des sons, par des lettres, par des talismans, et par des anneaux constellez.

LYSETTE

Que vous ay-je dit ?

SGANARELLE

Voilà un grand homme !

LYSETTE

Monsieur, comme vostre Fille est là toute habillée dans une chaise, je vais la faire passer icy.

SGANARELLE

Ouy, fay.

CLITANDRE, *tastant le pouls à Sganarelle.*

Vostre Fille est bien malade.

SGANARELLE

Vous connoissez cela icy?

CLITANDRE

Ouy, par la sympathie qu'il y a entre le Père et la Fille.

SCÈNE VI

LUCINDE, LYSETTE, SGANARELLE, CLITANDRE

LYSETTE

Tenez, Monsieur, voilà une chaise auprès d'elle. — Allons, laissez-les là tous deux.

SGANARELLE

Pourquoy? Je veux demeurer là.

LYSETTE

Vous mocquez-vous? Il faut s'esloigner. Un Méde-

cin a cent choses à demander, qu'il n'est pas honneste
qu'un homme entende.

CLITANDRE, *parlant à Lucinde à part*

Ah, Madame, que, le ravissement où je me trouve
est grand, et que je sçay peu par où vous commencer
mon discours! Tant que je ne vous ay parlé que des
yeux, j'avois, ce me sembloit, cent choses à vous
dire; et, maintenant que j'ay la liberté de vous parler
de la façon que je souhaittois, je demeure interdit, et
la grande joye où je suis estouffe toutes mes paroles.

LUCINDE

Je puis vous dire la mesme chose, et je sens,
comme vous, des mouvemens de joye, qui m'empes-
chent de pouvoir parler.

CLITANDRE

Ah, Madame, que je serois heureux, s'il estoit vray
que vous sentissiez tout ce que je sens, et qu'il me
fust permis de juger de vostre âme par la mienne!
Mais, Madame, puis-je au moins croire que ce soit à
vous à qui je doive la pensée de cet heureux stratagème qui me fait jouir de vostre présence?

LUCINDE

Si vous ne m'en devez pas la pensée, vous m'estes
redevable, au moins, d'en avoir approuvé la proposition
avec beaucoup de joye.

SGANARELLE *à Lysette :*

Il me semble qu'il luy parle de bien près.

LYSETTE *à Sganarelle :*

C'est qu'il observe sa physionomie et tous les traits de son visage.

CLITANDRE *à Lucinde :*

Serez-vous constante, Madame, dans ces bontez que vous me tesmoignez ?

LUCINDE

Mais vous, serez-vous ferme dans les résolutions que vous avez montrées ?

CLITANDRE

Ah, Madame, jusqu'à la mort. Je n'ay point de plus forte envie que d'estre à vous, et je vais le faire paroistre dans ce que vous m'allez voir faire.

SGANARELLE

Hé bien, nostre malade ? Elle me semble un peu plus gaye.

CLITANDRE

C'est que j'ay desjà fait agir sur elle un de ces remèdes, que mon Art m'enseigne. Comme l'esprit a grand empire sur le corps, et que c'est de luy, bien souvent, que procèdent les maladies, ma coustume est de courir à guérir les esprits avant que de venir au

XV.   7

corps. J'ay donc observé ses regards, les traits de son
visage, et les lignes de ses deux mains, et, par la
science que le Ciel m'a donnée, j'ay reconnu que
c'estoit de l'esprit qu'elle estoit malade, et que tout son
mal ne venoit que d'une imagination déréglée, d'un
desir dépravé de vouloir estre mariée. Pour moy, je
ne vois rien de plus extravagant et de plus ridicule
que cette envie qu'on a du mariage...

SGANARELLE

Voilà un habile homme !

CLITANDRE

Et j'ay eu, et auray pour luy, toute ma vie, une
aversion effroyable.

SGANARELLE

Voilà un grand Médecin !

CLITANDRE

Mais, comme il faut flatter l'imagination des malades, et que j'ay veu en elle de l'aliénation d'esprit, et
mesme qu'il y avoit du péril à ne luy pas donner un
prompt secours, je l'ay prise par son foible, et luy ay
dit que j'estois venu icy pour vous la demander en
mariage. Soudain son visage a changé, son teint s'est
esclaircy, ses yeux se sont animez, et, si vous voulez,
pour quelques jours, l'entretenir dans cette erreur,
vous verrez que nous la tirerons d'où elle est.

SGANARELLE

Ouy-da, je le veux bien.

CLITANDRE

Après, nous ferons agir d'autres remèdes pour la guérir entièrement de cette fantaisie.

SGANARELLE

Ouy, cela est le mieux du Monde. — Hé bien, ma Fille, voilà Monsieur qui a envie de t'espouser, et je luy ay dit que je le voulois bien.

LUCINDE

Hélas, est-il possible ?

SGANARELLE

Ouy.

LUCINDE

Mais, tout de bon ?

SGANARELLE

Ouy, ouy.

LUCINDE

Quoy, vous estes dans les sentiments d'estre mon Mary ?

CLITANDRE

Ouy, Madame.

LUCINDE

Et mon Père y consent ?

SGANARELLE

Ouy, ma Fille.

LUCINDE

Ah, que je suis heureuse, si cela est véritable!

CLITANDRE

N'en doutez point, Madame. Ce n'est pas d'aujour-d'huy que je vous aime, et que je brûle de me voir vostre Mary. Je ne suis venu ici que pour cela, et, si vous voulez que je vous dise nettement les choses comme elles sont, cet habit n'est qu'un pur prétexte inventé, et je n'ay fait le Médecin que pour m'appro-cher de vous, et obtenir plus facilement ce que je souhaitte.

LUCINDE

C'est me donner des marques d'un amour bien tendre, et j'y suis sensible autant que je puis.

SGANARELLE

Oh, la folle! Oh, la folle! Oh, la folle!

LUCINDE

Vous voulez donc bien, mon Père, me donner Monsieur pour Espoux?

SGANARELLE

Ouy. Çà, donne-moy ta main. Donnez-moy aussi un peu la vostre, pour voir.

CLITANDRE

Mais, Monsieur...

SGANARELLE, *s'estouffant de rire :*

Non, non, c'est pour... pour lui contenter l'esprit.
Touchez là. Voilà qui est fait.

CLITANDRE

Acceptez, pour gage de ma foy, cet anneau que je
vous donne. — C'est un anneau constellé, qui guérit
les esgaremens d'esprit.

LUCINDE

Faisons donc le Contract, afin que rien n'y manque.

CLITANDRE

Hélas, je le veux bien, Madame. *A Sganarelle :* Je vais
faire monter l'homme qui escrit mes remèdes, et lui
faire croire que c'est un Notaire.

SGANARELLE

Fort bien.

CLITANDRE

Holà! Faites monter le Notaire que j'ay amené avec
moy.

LUCINDE

Quoy, vous aviez amené un Notaire?

CLITANDRE

Ouy, Madame.

LUCINDE

J'en suis ravie.

SGANARELLE

Oh, la folle! Oh, la folle!

SCÈNE VII

LE NOTAIRE, CLITANDRE, SGANARELLE, LUCINDE,
LYSETTE

Clitandre parle au Notaire à l'oreille.

SGANARELLE

Ouy, Monsieur, il faut faire un Contract pour ces deux personnes-là. Escrivez. — Voilà le Contract qu'on fait. — Je lui donne vingt mille escus en mariage. Escrivez.

Le Notaire escrit.

LUCINDE

Je vous suis bien obligée, mon Père.

LE NOTAIRE

Voilà qui est fait. Vous n'avez qu'à venir signer.

SGANARELLE

Voilà un Contract bien-tost bâti.

CLITANDRE

Au moins...

SGANARELLE

Hé! non, vous dis-je. Sçait-on pas bien..... — Allons, donnez-lui la plume pour signer. — Allons, signe, signe, signe. Va, va, je signerai tantost, moy.

LUCINDE

Non, non; je veux avoir le Contract entre mes mains.

SGANARELLE

Hé bien! tien. — Es-tu contente ?

LUCINDE

Plus qu'on ne peut s'imaginer.

SGANARELLE

Voilà qui est bien, voilà qui est bien.

CLITANDRE

Au reste, je n'ay pas eu seulement la précaution d'amener un Notaire. J'ay eu celle encore de faire venir des voix et des instrumens, pour célébrer la feste et pour nous resjouir. Qu'on les fasse venir. — Ce sont des gens que je mène avec moy, et dont je me sers tous les jours pour pacifier, avec leur harmonie, les troubles de l'esprit.

SCÈNE DERNIÈRE

LA COMÉDIE, LE BALLET et LA MUSIQUE

TOUS TROIS ENSEMBLE

Sans nous tous les hommes
Deviendroient mal sains,
Et c'est nous qui sommes
Leurs grands Médecins.

LA COMÉDIE

Veut-on qu'on rabatte,
Par des moyens doux,
Les vapeurs de rate
Qui vous minent tous?
Qu'on laisse Hippocrate,
Et qu'on vienne à nous.

TOUS TROIS ENSEMBLE

Sans nous...

Durant qu'ils chantent et que les Jeux, les Ris et les Plaisirs dançent, Clitandre emmène Lucinde.

SGANARELLE

Voilà une plaisante façon de guérir! — Où est donc ma Fille et le Médecin?

LYSETTE

Ils sont allez achever le reste du mariage.

SGANARELLE

Comment, le mariage?

LYSETTE

Ma foy, Monsieur, la bécasse est bridée, et vous avez cru faire un jeu, qui demeure une vérité.

SGANARELLE

Comment, Diable! — Laissez-moy aller; laissez-moy aller, vous dis-je! — Encore? — Peste des gens!

XV. 8

L'AMOUR MÉDECIN

EXPLICATION DES PLANCHES

NOTICE. — En-tête. Bande ornementale composée, au milieu, d'un petit cartouche entre deux plus longs. Dans celui du centre, Clitandre en robe de Médecin; dans les deux autres, une sorte de Sirène, de face, se terminant en deux rinceaux et coiffée du chapeau pointu de la Faculté.

— Lettre O. Un des Musiciens de Clitandre pinçant de la guitare; il est assis sur un banc, sur lequel un verre et une bouteille. Au bas, à droite et à gauche, un petit Amour joyeux.

— Cul-de-lampe. Une corbeille remplie de fleurs supportée par des rinceaux.

FAUX-TITRE. — Un petit Amour ailé, avec la robe, la fraise et le chapeau de Docteur, est assis devant une arcade en façon de coquille. Dans le bas, deux flèches en sautoir, d'où pend un affiquet, orné d'une pierre en forme de cœur et terminé par une pendeloque de très longues perles.

GRAND TITRE. — Cadre carré. Dans le bas, un bouquet de roses; dans le haut, un vase de fleurs. Au milieu des deux montants latéraux, à gauche Clitandre, à droite Lucinde, sous la forme d'un jeune Amour et d'une très jeune fille qui se saluent. Au-dessus et au-dessous, un médaillon, ce qui en donne quatre : La consultation des Médecins auprès du lit de Lucinde, à côté de laquelle est un petit amour couché. Au milieu du titre, les armoiries de Molière.

Au Lecteur (p. 1). — En-tête. Bande ornementale. A droite et à gauche, deux Singes affrontés, avec, entre eux, un vase, en forme de casque, rempli de fruits. Dans le cartouche central, l'Opérateur et son Valet, dansant aussi.

— Lettre C (p. 1). Clitandre, en costume de Médecin, s'adresse à Lysette pour lui demander ses bons offices. Derrière lui, un petit Amour assis, dont le geste imite celui de Clitandre.

— Cul-de-lampe (p. 2). Dans un ornement architectural, un Terme de grand Singe jouant de la basse de viole ; à sa droite, un petit Amour portant une seringue d'Apothicaire.

Cadre des personnages (p. 4). — A droite et à gauche, au milieu de chaque montant, un Musicien ; celui de droite joue de la guitare, et celui de gauche du violon.

Prologue (p. 5). — Cadre ovale en largeur ; la Musique, la Comédie et le Ballet ; fonds de jardin. A droite et à gauche du cadre, un rinceau dans lequel un petit Amour soulevant une draperie et tenant un disque plat, sur lequel une colombe.

— Lettre Q (p. 5). Dans la lettre, le Roi, vu de dos et assis sur une chaise fleurdelysée, assiste à la représentation de l'*Amour Médecin*. Dans le fond, l'Orchestre des Musiciens, et, sur le Théâtre, la Comédie avec le Prologue. Au coin gauche supérieur de la lettre, un petit Amour victorieux couché sur un drapeau, des armes et des lauriers.

— Cul-de-lampe (p. 6). Au milieu de rinceaux, entrelacés de tiges de fleurs, le masque de la Comédie Royale, couronné d'un diadème fleurdelysé. Sur le sommet du masque de la Comédie, un petit Amour assis; il est casqué et sonne de la trompette.

GRANDE PLANCHE. — Clitandre, assis auprès de Lucinde, lui exprime son amour : « Ah! Madame, que le ravissement où je me trouve est grand et que je sçay peu par où commencer mon discours... » (acte III, scène VI, p. 48). Au fond de la chambre, Lysette retenant Sganarelle, qui veut écouter ce que le Médecin dit à Lucinde. A gauche, par la porte entr'ouverte, on aperçoit les Musiciens que Clitandre a amenés. — Fonds de tapisseries sur les murs.

ACTE PREMIER. — En-tête. A gauche, le groupe de Sganarelle et de Lysette, lui disant : « Monsieur, ne pleurez donc pas comme cela, car vous me feriez rire » (scène VI, p. 20). A droite, Clitandre, en habit de Médecin, s'appuie sur le cartouche pour attendre le moment où il doit paraître ; il est accompagné d'un Amour portant un arc et un carquois en forme de seringue d'Apothicaire ; il est coiffé du chapeau de Docteur. Au bas du cartouche, un médaillon dans lequel un groupe, à l'antique, d'un Amour parlant à une jeune fille assise à terre.

— Lettre A (scène II, p. 10). A gauche, Sganarelle, à demi appuyé sur la lettre, interroge sa fille ; à droite, Lucinde, le dos tourné et complètement appuyée sur la lettre, respire une fleur avec un air d'indifférence et de tristesse. Fonds de jardin ; sur un banc, un petit Amour Médecin, avec la fraise et le chapeau de Docteur. — Le cadre ornemental des lettres initiales des trois actes est à dessins blancs sur un fond noir.

— Cul-de-lampe (premier entr'acte, p. 22). Les quatre Médecins suivis par Champagne, arrivant en dansant; Lysette, à la porte de la maison, les salue et les prie d'entrer. Les rinceaux du bas sont formés par deux jeunes garçons, habillés de vestes rayées et jouant du violon.

ACTE DEUXIÈME. — En-tête. Sganarelle, une bourse à la main, paie

les quatre Médecins, dont chacun fait un geste différent : « Quoyque ce
ne soit pas la coustume de payer auparavant, toutefois, de peur que je
ne l'oublie et pour que ce soit une affaire faite, voicy... » (scène II, p. 27).
A droite et à gauche, deux fenêtres, très ornementées ; dans celle de
gauche, Clitandre et un Amour Médecin ; dans celle de droite, Lucinde
assise et, derrière son fauteuil, Lysette tournée vers la porte et écou-
tant.

— Lettre Q. La Consultation. Les quatre Médecins assis : « Un homme
mort n'est qu'un homme mort, et ne fait point de conséquence, mais... »
(scène IV, p. 30). Au fond, Sganarelle, impatient du résultat, ouvre la
porte pour entrer. En bas, à gauche, la tête de la Mule de Monsieur
Tomès. L'ornement des deux montants se termine par deux Amours,
soutenant une seringue, coiffée du chapeau Doctoral.

— Cul-de-lampe (p. 38). L'Opérateur, son évantaire à la ceinture
chante : « O grande puissance de l'Orviétan » (scène VII, p. 38).
Derrière lui, danse de Trivelins et de Scaramouches, Valets de l'Opérateur. A gauche, Sganarelle, rentrant chez lui après avoir acheté une boîte
d'Orviétan. Au-dessous, une rampe de chandelles allumées ; au centre,
dans un médaillon, un Amour offrant, comme orviétan, un cœur à une
jeune fille assise et mélancolique.

ACTE TROISIÈME. — En-tête. Lysette présentant Clitandre à Sganarelle qui le salue : « *Lysette*. Le voici. *Sganarelle*. Voilà un Médecin qui a
la barbe bien jeune » (scène V, p. 46). Devant les montants de droite et
de gauche, deux piédestaux, sur lesquels deux Amours tenant de longues
torches.

— Lettre N. Clitandre, ouvrant sa robe de Médecin, dit à Lysette :
« Hé bien, Lysette, me trouves-tu bien ainsi ? » (scène II, p. 43).

— Cul-de-lampe final (p. 57). Cadre ovale en largeur. Clitandre emmène
Lucinde, qu'il baise au front. Au fond trois Danseurs entourent Sgana-

relle, qu'ils maintiennent contre le mur et qu'ils empêchent de suivre Lucinde. Au-dessous, entre deux Amours assis sur des rinceaux, une draperie semée de cœurs : ils tiennent les bouts d'un grand arc dont la flèche est une seringue enguirlandée de roses.

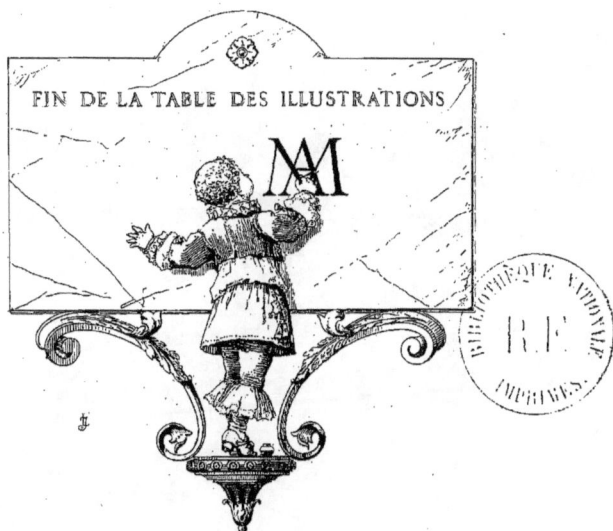

FIN DE LA TABLE DES ILLUSTRATIONS

Achevé d'imprimer a Évreux
Par Charles Hérissey
Le premier Juillet Mil huit cent quatre-vingt-neuf

Pour le compte d'Émile Testard
Éditeur a Paris

A

MOLIERE

1622

1673

R.F.

A

MOLIERE

1622   1673

www.ingramcontent.com/pod-product-compliance
Lightning Source LLC
LaVergne TN
LVHW050647090426
835512LV00007B/1064